PIENSO QUE PIENSO, PIENSO TEMPUS FUGIT

ExLibric

PERE MARTÍNEZ SABATÉ (PATX)

PIENSO QUE PIENSO, PIENSO
TEMPUS FUGIT

EXLIBRIC

ANTEQUERA 2021

PERE MARTÍNEZ SABATÉ (PATX)

PIENSO QUE PIENSO, PIENSO
TEMPUS FUGIT

PIENSO QUE PIENSO, PIENSO

DEMOCRACIA

Escuchar.
Leer.
Pensar.
Dialogar.
Querer... o no.

AMANECER

Por la ventana mirando
a lo lejos en el cielo,
cual pesados veleros
las nubes van navegando.

El sol por entre ellas
luz, calor y alegría va colando;
de claroscuros viajeros
el paisaje va pintando.

En la totalidad de su tiempo
los abuelos saborean, gozan,
disfrutan la plenitud y el color,
reviven su pasado.

Dos aspirantes a amantes,
jovenzuelos los dos,
empiezan a vivir, sienten,
se desean, están embelesados.

Sin apenas darse cuenta,
se van descubriendo,
qué desazón y ansia les domina,
las manos frías y temblando;

no es de frío,
tampoco de miedo,
puede que sea el deseo,
y a todo ello se van tocando.

Se acarician,
se abrazan,
un impulso, un arranque,
y se besan.

Son solo ellos,
los dos en uno,
se funden, se tienen,
el tiempo no está en su mundo.

Un jirón de realidad
débilmente asoma,
la vida en su plenitud
se inicia, toma forma.

Se miran embelesados
el uno en el otro,
recostados, satisfechos,
las nubes van navegando
cual pesados veleros.

El sol por entre ellas
luz, calor y alegría va colando;
de claroscuros viajeros
el paisaje está pintando.

ANGUSTIA

Tensa espera,
larga espera,
incertidumbre, duda,
miedo a lo desconocido,
al vacío tenebroso,
desamparado y sin red.

La incertidumbre,
amasada en el miedo a ir;
la necesidad de hacer,
el temor de no pasar
y la leve esperanza anidada
para continuar.

Ahogado en su interior,
acobardado por la solución,
se niega en el hacer y no hacer,
al final acepta la solución planteada.

Impotente, resignado,
derrotado, se deja llevar;
ningún atisbo de rebeldía,
no busca las fuerzas para resistir,
ni sabe dónde ir,
ni entiende por qué huir;
descompuesto en la falsía de salud,
en el no sentirse sano.

Apagado, sin ilusión,
el miedo le atenaza,
el miedo y la vida
son su esperanza.

A VECES

A veces tengo
necesidad de hablar y explicar,
necesidad de mantener y decir,
todo en mí está lleno,
todo en mí está en ansia
de ver, convencer, tocar, soñar.

Te imagino,
espero tu escuchar,
y al verte mudo quedo;
tanto que quería decir,
tanto que quería contar;
solo al verte y acercarte
en mi anhelo mudo quedo.

Solo pienso y quiero
acercarme para estar,
tenerte para vivir
y después…
¡oh, qué sueño!

AY

Prohibido ser feliz,
prohibido querer,
todo en todo está prohibido,
¿y yo?
Grabado tu aliento y tu sabor tengo.

Sentido en el sentir,
sentir tu aliento encubierto,
sentir tu caricia entrecortada,
sentir, rozar, estar.

Abandono incontrolado,
inconsciente por no pensado,
el inconsciente por deseado,
pasado nunca pasado,
pasado y de presente estado,
feliz en la obsesión y el temor a tener,
feliz en lo deseado y en el comprender.

Entender y desear,
reservar y rescatar, es la ocasión;
solitario es aceptar, pensar, imaginar;
siempre en solitario vivir, revivir;
manera, forma y desear compartir.

¿Entiendes el sentir?
¿Entiendes lo expresado?
¿Cómo sabré que lo has comprendido?
¿Cómo sabré que lo has compartido
sin el regusto amargo
de creer que estás herida?

BUSCAR

Busco entre las sombras
las relampagueantes dudas de la luz,
inmerso en el mar embravecido
de esta sociedad deshecha.

¿Dónde está la llave que abre el camino?
¿Acaso es una ilusión vana
o es un deseo insatisfecho?
No sé encontrar la luz
que sin descanso busco.

En medio de esta inmensidad
solo estoy,
tranquilo en mi soledad,
insatisfecho por lo que veo,
una multitud insolidaria,
me falta la fuerza de gritar
y el sacrificio de no perder.

CAMINO HECHO

Un ciclo ya,
recuerdo pasado.
No preguntes, abuela,
lo que me he guardado.

El tiempo es
la medida empleada;
entre historiadores,
la imagen guardada.

Neta el agua
que de la fuente mana;
en su discurrir arrulla,
dulce canción, dulce nana.

Roca limada,
libando suavemente;
juncos que inclina
saludan la corriente.

Sigue su sino,
lecho atrayente y banal;
por el camino
se ensucia el caudal.

Al llegar al mar
recuerda su pureza inicial;
y antes de cruzar,
el desengaño final.

CIELO COBRIZO

El fuego rojizo cobrizo
ya nos alumbra amenazante,
aún está soñoliento,
brillante, no cegador,
emergiendo.

El color va cambiando,
se está desperezando;
rojo amarillento luce,
el vuelo levanta.

Suelta amarras,
lo llena todo de calor y color,
ruge la vida,
hay alegría,
es un nuevo día.

CIELO ENCAPOTADO

Bajo un cielo encapotado,
¿o acaso es brillante y despejado?
Voy cual fatigado mendigo,
sin rumbo fijo,
siguiendo mi camino.

El sendero limitado, encorsetado,
formulismos que han sido
mis guías y mis libros;
formulismos que han sido
mi camino y mi destino.

Alguna que otra vez
con acompañantes furtivos
me he dejado acompañar,
alguna que otra vez
durante el trayecto
mis ilusiones y temores
con ellos he llegado a compartir,
en ellos he llegado a confiar.

De pronto, sin poderlo comprender,
sin llegármelo a explicar,
igual que encontré, perdí.

Nuevamente solo
me he vuelto a encontrar,
en mi caminar
me he sentido y siento observado;
me he sentido y siento juzgado.

Alguna que otra vez me paro a valorar,
me entretengo a contemplar
cómo todo se engalana y marchita,
cómo todo se marchita y engalana;
todo según sea el equipaje,
todo según sea el bagaje.

COMO SE ES

Caciquero,
mesiánico en su concepto,
cerviz cerrada y egocéntrico.

Todas ellas
son algunas de las virtudes
que adornan al jumento.

COMPAÑÍA

¡Qué zalamera es!

Cuando me ve, me sigue;
acercándose melosa,
busca mis caricias.

Nos miramos
y se acuesta deseosa,
estirándose cuan larga es.

Espera,
le acaricio el sedoso pelo,
cierra los ojos,
dócil y complacida;
se retuerce complacida y anhelante.

Un ronroneo se le escapa;
entonces, dándose la vuelta,
se ofrece relajada por el otro lado.

Al terminar, queda satisfecha,
durmiéndose relajada a mi lado
la arisca gata.

DEBEMOS CONVENCERNOS

Cuando lleguemos a convencernos
de que el engreimiento y la ambición
son la lacra de la desunión,
un gran paso la humanidad habrá dado
en su evolución de respeto y desarrollo;
se recuperarán las vidas que se truncan
por las ilusiones rotas en la lucha por conseguir.

La naturaleza en su envolvimiento
aplica sus leyes,
de nada sirve el oponerse,
ella ejecuta, avanza y recupera;
grandes proyectos se desvanecen,
la realidad es ella misma,
tenemos raciocinio, conocimiento,
el don de pensar,
también desarrollarnos la lógica.

El instinto primario se nos ha atrofiado,
gran don de todos los seres vivos
que pueblan el planeta:
la satisfacción de lo suficiente
y el respeto a la necesidad.

Aspiraciones para dominar la naturaleza
buscamos constantemente,
se violentan las propias leyes naturales,
la naturaleza responde:
evolución-involución,
para reparar el daño causado
se castiga la ambición.

¿DECISIÓN?

¿Por qué una y otra vez
desdigo el propósito
de la nunca última vez?
Llegado el momento,
yo debo completar la cuestión.

En mí queda lo que es,
lo grande que nunca fué.
No partirá en mí
una nueva intención;
lo demás no lo niego,
ahí está,
por ello tuya es la cuestión.

DESPEDAZADO

Acunado en la soledad,
mecido por el deseo,
intento comprender, aspiro,
¡ha de llegar el momento!

Esta sociedad grandilocuente,
ahíta de sí misma,
despedazada sin clemencia,
se autodestruye, es su muerte.

Afligida farisaicamente
en los dolores del necesitado,
luce ostentosamente
y orgullosa presume de potentada.

Figura única en uno,
por todo atractivo tiene
en un blanqueado sepulcro
su único dios:
la ambición y el lucro.

En la miseria ajena
se baña complaciente,
la sed de poder justifica
su actuación manipulante.

Criaturas indolentes,
machacadas e impotentes,
carne de cañón usada
por la sociedad opulenta,
jugando a ser solidaria,
luce, presume y esconde
a sus hijos masacrados.

DESPERTAR

Amanece,
se ve en la oscuridad,
se adormecen las estrellas,
el horizonte anuncia
el silencio que se rompe.

Galopante,
la aurora imparable avanza,
primero difuminada,
casi ignorada;
al poco, queda mostrada.

En el horizonte,
surgiendo de lo más profundo,
un resplandor débil crece,
de rojizo color las nubes baña.

Moles navegantes figuradas,
imágenes imaginadas,
figuras cambiantes,
tenebrosas, lánguidas,
algodonadas.

El fuego rojizo cobrizo
ya nos alumbra amenazante;
aún está soñoliento,
brillante, no cegador.

Emergiendo,
el color va cambiando;
se está desperezando,
el vuelo levanta
y suelta amarras;
lo llena todo de calor y color,
ruge la vida, hay alegría,
es un nuevo día.

DIFICULTAD

He querido darle siempre confianza,
le hablo como si él fuera yo,
le razono como si él fuera yo,
al entender que no lo entiende así,
me rebelo, como si él fuera yo.

Deseo que explote, arriesgue y asuma,
le incito a ello como si él fuera yo,
le provoco como si él fuera yo,
al no entender su lucha y ambición,
me rebelo, como si él fuera yo.

La falta de ambición y proyectos,
el acomodo fácil que los mayores solapan,
la sociedad del mañana no la forja,
no lucha, no protesta, está dormido,
está acomodado al consumismo que le lleva,
sin valorar las consecuencias,
al abandono del objetivo social.

Intento que tenga ambición y proyectos,
le sugiero como si él fuera yo,
le pruebo como si él fuera yo,
al no entenderlo yo así,
me rebelo en la impotencia de yo no ser él.

He de llegar a comprender que él es él,
ha de vivir y valorar lo que es, por él.

DOS SOLES

Inmerso en un estar,
inmerso en un querer;
en uno vivencias,
en el otro por amores.

Con el uno sigo el tiempo,
con el otro olvido el tiempo;
padezco en uno por él,
sufro en el otro por él.

Del uno nada que censurar,
el otro es todo desear;
en el deseo de querer
nadie, ni uno mismo
puede mandar.

En el gozo de mandar
se ha de saber estar;
en el hecho de estar
se ha de saber callar;
en la felicidad de callar
se encuentra
la inmensidad de soñar.

Con todo, la realidad
se resiste a despertar;
con todo, en realidad,
el deseo es soñar.

DUDA

Las dudas, siempre vivas,
nos envuelven, nos acunan;
suben y bajan en un carrusel sin fin;
flexión e inflexión
que conducen a la reflexión.

Punto de partida,
meta nunca alcanzada,
senderos tortuosos
navegando hacia la nada.

De dónde venimos,
a dónde vamos,
nunca llegamos,
siempre estamos,
jamás pasamos.

DURO CAMINO

Combates duro
hambre y penitencia;
creencias de puros,
aumenta la apetencia.

Arañan el promontorio,
engullen sin pena;
en las orillas del río
quedan las piedras y arena.

Meandros suaves
marcan el camino;
ocultas llaves
de peligroso remolino.

Peligros imprevistos,
tus venidas corrientes;
confiados nidos,
servidumbres pendientes.

Dime, río,
¿qué buscas al pasar?
Después del estuario,
la mar.

EL BANCO

En un banco
sentado estoy,
a su sombra
dudo de qué soy.

Pasa junto a mí
gente en su deambular,
reparo en ella
con ojos sin mirar.

Sombras y cuerpos
sin ninguna identidad,
uno tras otro con pasos,
sin huella ni claridad.

Sujetos estamos todos
a un fin y proceder,
por intereses cambiamos
y fomentamos el poder.

Habladores,
gente de lengua fácil,
todo es válido,
todo se transforma en mil.

Me rebelo al comprobar
las palabras traicioneras
que la gente quiere escuchar
cual canto de sirenas.

Nada en sí delata
la escondida intención,
nada en sí demuestra
la vil manipulación.

Viendo las caras,
los ojos ansiosos, abiertos,
¿estaré equivocado?,
me pregunto en mis adentros.

En un banco
sentado estoy,
a su sombra
dudo de qué soy.

EL CAMINO

Voy siguiendo mi camino
cual navegante su destino;
creo en la humanidad.
¿Iluso soy?

La realidad me apunta el hecho,
mi concreción me ayuda a separar;
la realidad me enseña la vida,
mi concreción me hace ser y llorar.

Crudo en la razón debe,
crudo en descubrir la ambición;
duro en mi ambición me veo,
duro en defender mi opinión.

Visión llena de embaucadores,
visión de vividores implacables,
visión con obtusos inexplicables,
visión de cuanto no dicen y resumen.

Resumen de vida hecha,
resumen de fracasos no reconocidos,
resumen de lo no y sí obtenido
resumen de nave a ningún puerto.

Creo en la humanidad sincera,
no creo en la ambición del poder,
creo que la ambición del poder está en no dar,
la humanidad sincera siempre tiene que luchar.
¿Iluso soy?

EL ENGAÑO

Con el engaño aparente
frecuentemente asociamos
los temores que exponerlos.

Vulnerables y débiles nos sentimos,
temerosos a la humillación vivimos,
es fruto de la inseguridad,
es fruto de la ingenuidad.

EL MIEDO DE SER Y ESTAR

Pensamos en avanzar,
queremos adelantar,
en cada momento y tiempo
siempre será, decimos.

La realidad despierta, enseña,
la evolución y el vivir confirman,
los intereses varían los conceptos.

Concepto moral y la moral
encorseta, resigna, amortece;
la evolución interior
impotente se entristece.

Nace la culpabilidad de la inocencia,
hábil y peligrosamente trabajada,
que no humildemente educada.

En defensa de intereses inconfesables,
se prohíben, se niegan los anhelos
y vuelos deseados.

El concepto «libertad»,
dulce de oír y difícil de explicar,
nace y se manifiesta con el vivir,
varía y se modifica con el sentir,
anula el miedo,
te hace ser.

Impotencia, desazón,
vivo y quiero,
la ilusión y la alegría,
la ilusión de tener,
la alegría de saber.

Cuánta insatisfacción
en el gesto y la mirada,
y en el imperceptible hecho
de una sonrisa quebrada.

El pensamiento

El pensamiento,
el sentimiento,
nunca en sí y lo que son,
han sido dominados;
nunca en sí y lo que son,
han sido sometidos;
como mucho, confundidos,
y siempre… ¡vivos!

EL PODER

Desarrolladas las ansias de volar y gozar,
lastradas por un no saber qué,
en esta oscura y dudosa hora
los carroñeros de engañosa y fría mirada
hacen los cálculos para su proyección.

Solos, serviles,
cuales dioses del averno,
no lo dicen, pero gozan,
son los regeneracionistas y futuristas,
esperan triturar sin compasión
su pasado y su generación.

Cuando hayan cumplimentado lo mandado
y sientan en su ego la satisfacción,
como un clínex quedarán tirados;
al fin y al cabo,
quedarán como lo que son.

En nadie podrán ampararse,
solos quedarán, proscritos e ignorados;
su fugaz poder se habrá esfumado,
comprobarán que las sonrisas que provocaban
en desprecio e indiferencia han cambiado,
es el precio del poder perdido
que tendrán que soportar en la vejez.

EMPEZAR Y ACABAR

Postrada en la cama,
ve impotente el pasar;
en un desfilar constante
ve todo su bagaje.

Nervios y temores,
se encuentra expectante,
los deseos derrotados.

De vez en cuando
un ramalazo de genio;
de vez en cuando
afloran la rebeldía y el mando.

De vez en cuando
la rebeldía,
el mando cada vez menos.

Acostumbrada a hacer,
contempla su impotencia;
quiere luchar,
volver a ganar.

Sin apenas darse cuenta,
va aflojando,
va remitiendo,
se va entregando.

Al fin...
exhausta,
el inicio ya casi lo alcanza,
¿para ganar?, ¿para perder?
Y llega a pensar ¿por qué valorar?

Dejémosle como está,
también va a llegar.

En la lejanía

Y en la lejanía
un lamento,
un quejido,
un lloro
y un suspiro.

Y en la lejanía
un amanecer,
un despertar,
un levantar
y un suspiro.

Y en la lejanía
un deseo,
una pasión,
un imaginar
y un suspiro.

Y en la lejanía
un querer,
un enrojecer,
un enmudecer
y un suspiro.

Y en la lejanía
un intentar,
un transcurrir,
un contemplar
y un suspiro,

Y un atardecer,
un desfallecer,
un reposar
y un suspiro
en la lejanía.

EPITAFIO

En el borde de la estela apoyado,
tranquilo quedaré;
he vivido, he gozado,
he sentido, he luchado,
he llorado, he ayudado,
he logrado, he perdido.

Emociones recordadas
que, con todo lo olvidado,
llenan la inmensidad de mi bagaje.

No hay más.

ÉRASE, ÉRASE

La situación marcada
por la leyenda de una dama,
al sentirse aprisionada
por la vida no llevada.

Tenía la mencionada
figura por su exterior
desgarbada y enjuta,
ni plumas ni sombrero llevaba,
¿una flauta?
Sí, siempre la buscaba.

Tenía un algo,
consciente con ello jugaba;
le daba tal suficiencia
que cuando lo deseaba
con toda la envergadura
lo abarcaba.

Revoloteando y jugando,
caprichosa,
nunca paraba;
al llegar al final,
tomando posición de ventaja,
toda ella lo alojaba.

Sin ninguna intención,
¿inocente?
Gestos de invitación prodigaba,
¿veleidosa?
Varios o muchos intentaron,
¿caprichosa?
Tener lo que parecía que daba,
¿ignorante?
Y al final se desmarcaba,
¿inconstante?

Y un cierto día,
según la historia narrada,
algo cambió en la jugada,
algo que nació y no lo esperaba;
sintió deseos y añoranza,
algo que se rompía
y llorando se quedaba.

España

¡Pobre España!
Vilipendiada,
malgastada,
sacrificada,
mortecina,
calumniada,
desgarrada,
humillada,
empobrecida,
toda ella desilusionada,
refleja tristeza en la mirada.

ESPERANZAS

Una luz en la mirada,
una estrella en el horizonte reflejada,
en la niebla se esconde
la débil línea que los separa.

En la esperanza se alumbran
los deseos contenidos;
encontrados los rastrojos resecos,
cubiertos de manto frío,
las flores dormidas esperan.

En el sinsabor de la espera,
toda la vida desfila;
de la inquietud, de la duda
nacen los grandes fantasmas,
surgen las implacables torturas.

En los cuencos,
estériles y vacíos,
las amarguras recibidas
las débiles manos soportan
con la esperanza de un mañana,
sueña conseguir el equilibrio.

Está claro

Vicios decadentes,
abusos de situación,
honestidad ausente.
¿Cuándo tocará la razón?

Razón para desterrar
del duro caparazón
el egocentrismo y la inmunidad,
para respetar
la comunidad y razón.

Imprevisión y triunfalismo
en previsión y realidad;
ignorancia y desespero
en cultura y tranquilidad;
robos y abusos
en justicia y respeto.

ESTÁS VIVA

Estás viva,
cuando eres tú,
estás viva,
la fuerza interior te impulsa,
instintivamente te expandes,
instintivamente te das, vives.

Estás viva,
quisieras controlar y entrenar,
quisieras amagar y esconder,
quisieras no tener que pensar,
quisieras no estar,
deseas, vives.

Estás viva.
Aprecias la volátil suavidad,
el soplo de la fugaz visita,
se rompe el esquema,
se tambalea el concepto,
quieres no perder,
qué rápido es el tiempo
cuando se está viva.

Estar y no pensar,
gozar y no temer
gozar la grandiosidad de compartir,
la inmensidad de ser,
la frescura en besar,
el sabor de embriagar,
el cálido descubrir.
¡Estás viva!

FORMA

Forma que conlleva
los problemas que nos crea
nuestro efímero paseo.

Forma por respetar
la opinión vertida
del compañero.

Forma por ignorar
con propósito para llegar
a vestir el despropósito.

Forma por sentida
pomposamente digna
para convertirla en indigna.

Forma del todo
consentida e ignorada,
con el fin de ignorar
la forma.

HUMANIDAD

Voy siguiendo mi camino
cual navegante su destino.
Creo en la humanidad,
¿iluso soy?

La realidad me apunta el hecho,
mi concreción me ayuda a separar;
la realidad me enseña la vida,
mi concreción me hace ser y llorar.

Crudo de la razón debe,
crudo para descubrir la ambición;
duro en mi ambición me veo,
duro en defender mi opinión.

Visión llena de embaucadores,
visión de vividores implacables,
visión con obtusos inexplicables,
visión de cuanto no dicen y hacen.

Resumen de vida hecha,
resumen de fracasos no reconocidos,
de resumen de lo no y sí lleno,
resumen de nave a ningún puerto,

Creo en la humanidad sincera,
no creo en la ambición del poder,
creo que la ambición del poder está en no dar,
creo que la humanidad sincera ha de coger,
la humanidad siempre tiene que luchar,
¿iluso soy?

¿IMPORTA?

¿Importa? Quizás.
¿Remedio? No sé,
sé y no sé
que importa la realidad.

Realidad cruda y escabrosa
que te enfrenta al dilema
ser o no ser,
teniendo presente
la realidad de ser.

Paradoja del destino,
que nos corresponde vivir;
deseamos y creemos,
cuando surge la cuestión,
rompemos.

Ambición de humano,
voluntad inalcanzable
con sus ansias y vivir,
dominar lo indomable
quiere conseguir.

¿Cuestión de honor?
¿Cuestión de poder?
Cualquier explicación
es la cuestión,
encontramos el argumento,
si con ello nos damos la razón.

¿Importa? Quizás.
¿Remedio? No sé.
Sé y no sé,
la niebla es realidad.

IMPORTANTE

En un rincón
acodado, ignorado, solo,
indiferente de todo y por todo;
la derrota del tiempo
se reflejaba en su mirada;
con la vida marcada
repasa, una a una,
la victoria del momento
y las amarguras andadas.

En su mano,
sujeto con tembloroso pulso,
un vaso medio lleno,
recurrido compañero silencioso;
con la ilusión del bacante
y la mirada ansiosa
y vacilante sorbe
el néctar casi apurado;
con la esperanza olvidada
saborea el resto.

Toda su historia,
su pasado, su presente,
está en el vaso vacilante;
toda su historia,
su presente y su futuro,
está en estas sus últimas gotas;
chasquea la lengua
y apura el resto,
cerrando los ojos
con indolente gesto.

Se endereza tambaleante,
iniciando su andadura;
tropieza más que sortea,
cargado de indecisiones;
se debate cual velero
en mitad de la tormenta;
se adentra y sumerge,
se debate y no emerge.

Su mar sin puerto en que descansar,
todos le ignoran al pasar.
Por la noche, feliz con su soledad,
busca el arrope de la sombra,
y cuando la aurora aparezca,
y cuando la luz atormente,
ya se proveerá.
Lo demás no importa,
está indiferente a los golpes.

LA ABUELA

El cuerpo curvado,
andar cansino,
en ti se han clavado
sin compasión los espinos.

La cabeza,
en tiempos firme,
coronada de plata
con orgullo luces.

En la frente,
como el fango reseco,
con el pasado presente
llenas los recovecos.

Cepas nudosas,
vientos pasados,
se te doblan los dedos,
pesados tormentos.

La mirada triste,
ausente e impotente;
se llenan de añoranza
los recuerdos en tu mente.

Silenciosa,
sin descanso,
sin sosiego y abnegada,
es tu trasiego el gran peso.

Así glosa tu pasado,
en todo y por todo,
por la edad empequeñecida
y por tu humanidad
¡engrandecida!

LA CONCIENCIA

Compañera de uno mismo,
silenciosa,
fiel,
inquietante
y alguna que otra vez irritante.

Invisible acompañante,
eres la brújula constante,
única liberta existente,
enmarcada,
nunca encerrada.

LA ESPERA

En la soledad de la espera,
tensa la espera en soledad;
acompañando el baile,
la monótona marcha
del imparable reloj.

El rápido tiempo transcurrido,
lento en su pasar;
un sinfín de preguntas hechas
con intención, casi al azar;
para ninguna hay respuesta.

Los deseos no se cumplen
y la espera continúa,
machacona, insistente,
sorda en el escuchar,
muda en el contestar;
la intranquilidad le llena,
la soledad acompaña al tener,
la espera preñada por saber.

LA GOLONDRINA

Vas volando,
no dejas surcos;
de manto negro te cubres,
de blanco te vistes en el envés;
una gota de dolor
adorna el conjunto.

Con cabriolas y trinos nos llenas,
saltimbanqui de los cielos;
ropaje brillante luces,
al llegar traes la esperanza
de vida y a la vida,
a los sueños y el dolor.

Y al asomar el frío
nos dejas y abandonas;
y al llegar el frío nos queda
el desamor y la añoranza.

LA HE VISTO

La he visto
asomada en el balcón,
alegre desde lo alto.
¿Quizás me miraba?

Un temblor y una ansiedad
al momento me embargaban;
dolor, satisfacción, alegría,
todo lo vivía mientras
paso a paso me acercaba.

La he visto,
en lo alto estaba
cual fruta codiciada
entre espinos de zarza.

¿Me miraba?
¿Me ha visto?
Desde lejos vigilaba
los gestos de la amada
en tanto me acercaba.

Mientras me acercaba,
la ansiedad me ahogaba;
mientras me acercaba,
mi satisfacción y alegría
quedaban marchitadas,
ningún gesto en ella reflejaba.

Al llegar a su altura
hacia arriba miré,
un nudo en el corazón
me embargaba.

Busqué, me volví,
con impaciencia esperé,
el corazón se negaba a aceptar
lo cruel de la realidad.

¡Ella no estaba!

LA ILUSIÓN

Ninguno con ilusión;
los veo y se tienen
supeditado el hecho y para el hecho.

Ave que vuelas,
libra a los vientos tu dolor
en la jaula,
todo continúa, todo es control.

Libra, mira y valora,
y nada cambia, no hay opción,
el ignorar, el no batallar,
la ofuscación, la obsesión,
llevan a nada, por nada y a la nada.

Vivir, gozar, saborear,
disfrutar de la realidad grandiosa
que desde el interior emana y mana,
disfrutar de la verdad inapreciable
de una humanidad llana.

Destierra los imaginarios fantasmas,
culpabilidad por lo no tenido,
tu interior ayuda y provoca,
tu interior espera y guarda,
tu interior tiene los miedos ante la nada.
en tu interior está la vivencia deseada.

La metrópoli

La metrópoli, grande e inmensa,
edificios iluminados, impotentes;
gentío desesperado y solitario,
preocupado de sí mismo e indolente.

Entre la abundancia,
solitario;
ante la abundancia,
de ilusión arruinado,
individualizado y programado,
por tenerlo todo idolatrado.

LA PRIMERA

La primera.
Cuánto que ver y escuchar,
cuánto creer y vigilar,
cuánto desear y no olvidar.

Continuamente visitamos
la tumba de los recuerdos,
hechos vividos, ya tan lejos;
afloran las angustias,
persisten los viejos nuevos deseos.

Nunca se olvida
la primera ilusión,
está dormida,
agazapada,
arrinconada,
desvalorada,
nunca olvidada.

Temor del momento
en que los deseos
superen la frialdad de la mente,
temor y deseo.

Tiempo y distancia
amalgaman el camino;
amansan al guía,
el destino lo acaba.

En la primera
hay que ver,
hay que escuchar,
hay que querer,
nunca se va a olvidar.

LA SATISFACCIÓN

Cuánta satisfacción
en el gesto y la mirada,
en el imperceptible hecho
de una sonrisa enviada.

Palabras guardadas,
enterradas,
creídas muertas
y…
un leve soplo,
una mirada buscada,
la confirmación tenida
y vive la palabra.

Consentido,
mantenido con el uso
de una moral activa.
No se mueven los pétalos
de la alegre margarita.
De consolación…
De resignación…
De argumento…
El destino.

LA TABERNA

Lugar de reunión,
de comentarios y juegos;
encuentros en el bar,
guardados los aperos.

Se comentan al vuelo
hechos banales y serios;
junto a la estufa, en ruedo,
dormitan los abuelos.

En las mesas se juega,
cuatro labriegos cartas tiran;
alrededor los mirones
atentos, callados, miran.

Nervios,
satisfacción,
palabras gruesas,
alguno con desesperación
clama las malas bazas.

En corrillo se comentan
los lances habidos;
buenos y malos llaman
los lances del duelo.

Al atardecer,
como es frecuente
las discusiones y los lances se olvidan;
se despiden amigablemente
para que el próximo día sigan.

LA VIDA GOLPEA

Cuando la vida golpea
al débil e indefenso,
en razón a la misma vida
el fuerte se aprovecha y abusa.

En la impotencia del débil
existe la resignación y la derrota;
el orgullo que le queda
en el fondo de los ojos se refleja.

Con su potencia, el fuerte
proyecta el abuso y la apetencia;
no hay respeto, no hay clemencia,
tiene el orgullo y la apetencia.

Indefensión y hambre de justicia
se reflejan en el uno;
la ambición y la arrogancia
cabalgan con el otro.

Pasajes duros de llevar y de vivir
con los recuerdos del pasado,
con los primeros se engaña,
con los segundos se cuenta.

¿LÍDERES?

Esta situación expresamente creada
por dirigentes manipuladores
es la situación adecuada
para justificar temores y poderes.

De la confianza engañosa
la carroña se alimenta y amamanta,
con los despojos ocasionados
surgen jirones de esperanza.

Empeñado en la ignorancia,
parco en saber perdonar,
me rebelo al no querer ser utilizado
que no llevado.

LLANTO

Y lloro,
lloro por nosotros.
Tenemos prohibidos ser felices, dices;
tenemos prohibido realizarnos, lloras;
tenemos prohibido querernos, lamentas,
todo lo tenemos prohibido,
tengo grabado tu aliento y tu sabor.

Tiempo sentido y no vivido,
tiempo no gozado en el sentir,
sentir tu aliento encubierto,
sentir tu aliento entrecortado
y en el abandono inconsciente,
inconsciente por no pensado,
o quizás consciente por deseado,
por lo no realizado en el pasado.

¿Entiendes el sentir?
¿Entiendes lo expresado?
¿Cómo sabré que lo has comprendido?
¿Cómo sabré que lo has compartido
sin el regusto amargo
de saberte herido?

Explosivo ante la injusticia
en una sociedad amoral y materialista,
intento transmitir la dureza y soledad
del que ha de aprender y caminar.

No he logrado transmitir
el mensaje de la acción,
me juzgan como exigente,
sin concepción ni tolerancia,
como forma natural solo deseo
que pueda hacer como yo,
que pueda desarrollar más que yo.

LO JUSTO

Lo justo
es el resultado práctico
de una situación lógica.

Lo injusto
es la consecuencia
de una aplicación ilógica.

LOS CUATRO JINETES

¿Tanto cuesta ayudar y dejar vivir,
inmersos en esta sociedad fría,
deshumanizada,
dominante de un mundo hecho
con ardides y gestos abyectos?

Los cuatro jinetes cabalgan
juntos, silenciosos, constantes en su espera,
de paz se llenan la boca los abyectos,
de bombas los bolsillos repletos,
el mal propagan;
hambre, destrucción, miseria
con la ambición
de un progreso ficticio.

Los cuatro jinetes cabalgan
juntos, silenciosos,
constantes en su espera
los abyectos rastreros les siguen
para lograr el poder;
lobos encarroñados,
ansiosos de sangre y piel morada.

Pregonan, quieren convencer en su razón,
todo terminará asolado,
después la semilla germinará
y el ciclo se reiniciará.

Los cuatro jinetes acechan,
los caballos prestos nunca paran,
saben que volverán.

LUCES DEL PASADO

De luces se ilumina el pasado,
con claroscuros se engalana el presente;
envueltos por las sombras y las dudas
nos aventuramos hacia el futuro.

Todo en la vida lleva
el ritmo marcado de un vaivén constante
cual péndulo de reloj.

Ante el fracaso, éxito;
ante la felicidad, desencanto;
ante la ambición, desespero.

Y el tiempo, siempre tan sobrio,
mueve la rueda marcada del destino,
pequeña incidencia imprevisible
y fin de nuestro camino.

De luces se ilumina el pasado,
con claroscuros se engalana el presente;
envueltos por las sombras y las dudas
nos aventuramos hacia el futuro.

MI GRAN VER

Igual que volutas
de humo al fumar,
rápido como el día
en el año comparar.

Alegres palabras
que el viento se lleva,
visten el aire
cual paloma mensajera.

Los momentos van,
agradables, imborrables;
las dudas llegan,
¿verdad o imaginable?

Qué gran pesar
llegar a la conclusión;
nunca lo vas a intentar,
queda en mí la expresión.

Y quizás,
con el curso de los años
y el acopio de experiencia,
llegue a reconocer mi inocencia.

¿Para qué insistir
con palabras de hondo sentir?
¿Para qué insistir
si no va a cambiar el vivir?

No es olvido,
no es desprecio,
lo sabes bien cierto,
negar que estás es necio.

Espero que no llegue
en mi conclusión
a defraudarte
mi expresión.

Siempre me encontrarás;
si me necesitas y llamas, acudiré;
no creas que por estas
todo cambiará.

Debes saber y entender
que no se cambia el querer;
debes saber y entender mi saludo.
¡Adiós, mi gran ver!

MI INTERIOR

Siento en mi interior
un desgarro impotente y fiero;
veo el sendero convergente
que ni es, ni se es, pero está.

Escondido y acobardado,
imparable y renacido,
culpable de lo que nació,
vive y no ha muerto;
culpable de lo no hecho,
culpable de lo hecho.

De la vida y la ilusión
existe la propia valía,
el discurrir por su existencia,
orgullo del propio ser y querer,
el amor que nos arrastra,
el destino que nos lleva.

Ni llegué a imaginar
que un hecho muy lejano,
conscientemente ignorado,
agazapado, vuelve con fuerza a brotar.

La confusión y el desespero
no se pueden ignorar;
con el aliento y el saber
se vuelven a alimentar.

Consumido por la tristeza,
que no vencido;
ahogado en las lágrimas
no derramadas;
no hay opción,
no hay derribo
el ignorar es ofuscación,
es la obsesión de dejar
la nada siempre lleva a la nada.

MISERIAS

Deambular inseguro,
fruto paciente;
de vez en cuando un asomo,
un estar presente;
anonimato masivo
de protagonismo creciente.

Las miserias reunidas,
foco ingrato latente,
el amargo despertar,
inmerso en la honda presión,
impide estar y te hace convivir.

Tranquilo de tranquilidad ahogada
en los lamentos de impotencia,
la humanidad hambrienta de caridad,
que con la resignación
del derrotado, impotente,
vive resignada e ilusionada
por llegar a acariciar
la meta soñada y nunca alcanzada.

Arrancados del letargo,
¡amodorrados!
Alimentados de carroña,
¡industrializados!
Los pechos hinchados
de insuficiencias mecanizadas.

Los gulags camuflados llenos,
columnas silenciosas arrastradas
al exterminio programado,
dicen «libertad» por todos,
la gran palabra usada,
¡está desprestigiada!

MUJERCITA

En grupito paseas,
lozana, bella;
gustas llamar la atención,
joven doncella.

Tu cuerpo,
abriéndose como capullo,
flor de vida,
lo luces con orgullo.

Lo ves todo hermoso,
disfrutas sin pensar;
una sombra en ti
no llegas a imaginar.

Juguetona,
cantarina, revoltosa;
espejo del alma,
alegría que adorna.

Todo y nada
llega a importarte;
todo y nada
llega a preocuparte.

Primera juventud
nunca borrada;
en la senectud,
melancolía recordada.

Goza y descubre,
no ruegues, ¡canta!
La tristeza y la pesadumbre
sin pensar llegan.

Cual mariposa
vuelas y libas;
situación gozosa,
entonces ¡vívela!

NACIÓN

Arbolado navío
por mil tormentas azotado,
casi destruido,
casi desmembrado,
por el desamor de tus marinos
hasta el dique te ha llevado,
los destrozos restaurados
y nuevamente a la mar.

Tu historia,
construida
por un largo navegar;
capitanes ha tenido
que han jurado quererte,
todos ellos
están prestos a hundirte.

NOVIAZGO

Mira, observa y calla;
el silencio que sigue
lo agradece;
impotente comprende,
nada puede hacer,
teme... que no sabe.

Todo debe seguir, piensa.
Ella... sabe que tiene,
luce y acapara;
sin presión está atenta,
deja, sigue, suelta,
mira, decide y domina.

Por todo ello,
nada muestra ni demuestra.
Como pluma al viento,
no deja rastro,
no queda señal.

Suave y constante revuela
en un ágil viene y va;
a su amor lo contempla,
decide, no tiene prisa
lo mejor,
esperar.

Ya decidirá.

OTOÑO

Solo,
vivo y revivo mis tiempos pasados,
calmas, brisas, tormentas,
calor, frío, sopor,
regusto de fuego y fragua,
regusto de agua y fuego.

Maleado por mil caminos,
fundido en mil abrazos,
confundido y encontrado,
conocido y desorientado.

Vivo con los hechos,
los unos conseguidos y aceptados;
los otros me han sido implantados;
los demás han sido consentidos
y todos acatados.

Atardecer rojizo
de apacible otoño;
consumida ya la llama
del alegre estío,
revives lo que perdiste y no tuviste,
revives lo que anhelaste y disfrutaste,
en la fragua un rescoldo se mantiene,
en la fragua un rescoldo vive.

PARTIDOS SIN ORDEN
EMBAUCADORES

¡¡Ególatras!!
Fáciles en el criticar,
fáciles en el no hacer,
fáciles en su medallar,
rápidos en el desprestigiar.

¡¡Mercaderes!!
De la nada para sí,
de la figura rumbante,
de la presencia figurante
y… de la nunca elaborada.

¡¡Endiosados faroleros!!
Manipuladores labiados,
manifestadores marcados,
enjuiciadores fuleros,
fernandinos solapados.

¡¡Entendedlo!!
¡¡Nunca convenceréis!!
Por mucho que lo disfracéis,
por mucho que lo intentéis,
por mucho que lo disimuléis,
¡¡nunca convenceréis!!

PALABRAS

Palabras guardadas,
enterradas,
creídas muertas,
un leve soplo,
una mirada buscada;
la confirmación tenida,
vive la palabra.

Consentido,
mantenido con el uso
de una moral activa.

No se mueven los pétalos impolutos
de la alegre margarita,
de consolación…
de resignación…
de argumento…
El destino.

PASO, SIGO Y VOY

Camuflado y ahogado
con la impaciencia de ser.
Imperturbable pasa el tiempo;
sigo llevado por mi impaciencia,
todo pasa en su dimensión,
todo termina con mi impotencia.

Juguete de los hados del destino
que giran en su entorno,
entorno de lo conseguido,
y en el entorno de la unión.

La unión por la supervivencia,
la unión de la especie y su conservación,
la unión de dos carnes en una materia,
la unión que se llama amor.

PENSAMIENTOS

I

Siempre hay un algo
que nos impide reposar.
Tangible y volátil es,
fuerza para continuar,
meta de nunca llegar.

II

Senda que el tiempo marca,
destino, desconocido fin,
la corriente de la vida
nos conduce hacia ti.

III

El hombre, en su ego,
olvida con harta frecuencia,
buscando los parabienes,
lo fútil de su vanidad.

IV

En el lento y largo pasar
consejo todos nos dan:
«haz el bien y no mires a quién»,
dice el dicho popular.

De los consejos tomamos
lo que mejor nos comprende:
miramos a quién
y no el bien practicamos.

V

Queremos y queremos más,
no importa qué nos costará;
nos hundimos y encenagamos,
todo por más, más, más y más.

VI

En los amores encontré,
igual que cualquier mortal,
ilusión, deseo, ansiedad,
rechazo, frustración, despecho,
realización, tranquilidad
y…
un volver a empezar
que tengo constantemente:
fe en la humanidad,
no en sus dirigentes.

VII

Ansia, ilusión,
satisfacción y cobardía
dominan nuestros gestos,
que llamamos gallardía.

VIII

Aceptamos con ilusión,
con ansia realizamos,
terminamos con satisfacción.
¿Y el miedo?
Nunca lo dejamos.

IX

En el baúl de la existencia
con el tiempo arrinconamos
las ilusiones y amarguras
de todo lo que pasamos.

Los juegos de la niñez,
los desengaños amorosos,
las alegrías de la vida,
los tropiezos encontrados,
las satisfacciones logradas
y los miedos ante nada.

X

Soñar imposibles,
evasiones constantes,
mundos posibles,
cerrados y distantes.

XI

Salido de las entrañas,
unido y amalgamado.
Ser nacido de entrañas,
todo en ti es aglutinado:
cariño, proyectos, esperanzas.
Sin optar,
haces padecer y eres amado.

XII

Risas ansiosas de logros,
llantos de impotencia
nacidos del no poder ser,
sublimados con la apetencia
del querer y no poder.

XIII

Marcados por el tiempo,
grabados en la vida,
nadie puede negar
la ansiedad vivida.

XIV

Sabido el hecho es
y nuevo siempre parece.
En el cauce, al navegar,
todo se hunde y emerge,
todo se hunde y se mece.

XV

Recuerdos.
Memorias.
Vivencias.
¡¡Historias!!

XVI

Quieres…
Sueñas…
Miras…
Piensas…

XVII

Y...
somos pasajeros
involuntarios y sin voz,
en una pompa de jabón instalados
presta a estallar.

XVIII

Y...
marchamos sin ver,
hablamos sin voz,
oímos sin escuchar,
vivimos sin vivir.

XIX

Todos debemos saber
y aplicar la virtud de escuchar.
Los proyectos
se pueden discutir,
se puede de ellos discrepar;
los hechos
se pueden compartir,
se los puede desechar.
Ya no es posible discutir,
son hechos y nada más.

XX

Por todo equipaje llevo
un bastón en que apoyarme
y el fruto de mi imaginación.

Descalzo y desnudo
estoy y voy;
en cada recodo me visto,
en cada recodo me desvisto,
acompañante del calor y del frío.

Nadie me arropa,
nadie me cuida,
nadie es nadie en nadie;
solo somos yo y el camino.

PERO…

Pero ¿y tú
te has detenido a pensar
en la pasividad que sientes
por la felicidad?

Todos los seres están
predestinados a amar,
una ilusión rota
no debe ser un valladar.

Mal de nuestro tiempo es
el no pensar, no ver,
no querer entender
la realidad.

Te obstinas en el bienestar,
te asusta la adversidad,
no estás acostumbrada,
debes luchar.

Un día llegará
y alguno de tus pareceres
se derrumbará.

Desearás,
anhelarás,
padecerás;
es un algo inmortal
que lleva dentro de sí
todo mortal.

PIEL DE TORO

Piel de toro
curtida y apaleada
por tus propios hijos,
herida y macerada.

Orgullo de gran raza
anida en su corazón
¿previsores? Ni una baza,
día a día es la razón.

Individualistas,
precursores con valor,
celosos por ellos mismos,
víctimas de la irreflexión,
al no lograr se crece
y en no torcerla la razón.

Egoístas, silloneros,
figurines arrastrados;
no hay intento de ver,
el todo considera el poder.

Poder, poder, poder;
palabra que los llena
de querer y hacer sin comprender,
el poder no está en dominar
y sí está en convencer.

Una generación tras otra,
se cae en la misma obsesión
y en aras de la incultura
decimos que somos nación.

PLANEAR CONCLUSIONES

En suave planear constante
avanzan las conclusiones;
los detalles del rosario
avanzan, retroceden, van bogando,
desde lejos parecen estancos.

Se teme
cuando se ignora;
se ignora el qué,
inquieta el por qué,
se teme el con qué.

Violento despertar
de hechos irrefutables
y realidades goyescas;
actores identificados
con los principios se esperan.

Después ellos mismos recelan,
como final, lo ignoran,
desde lo alto
inquieta el qué,
se ignora el con qué,
se teme el por qué.

QUIERO PODER LLORAR

Lloras como una mujer,
se suele decir a los hombres.

Tanto las unas como los otros,
cuando se les escapan lágrimas furtivas
a causa de emociones y dolores con
o sin razón, evitan esta humillación
escondiéndose y destrozándose a sí mismos.

Nadie se quiere exponer a escuchar
por boca de quien debe consolarle:
«¡Ya está bien, los hombres no lloran!».

¿Pero qué es llorar?
El emerger de las emociones,
las tensiones y dolores de la vida cotidiana;
es una reacción natural e irreprimible,
son unos desahogos y satisfacciones
que no esconden obscenidad ni menoscabo.

Es por ello por lo que me rebelo
ante la posibilidad de volver a escuchar:
«¡No seas mujer!»
como menosprecio hacia el otro ser,
quiero disfrutar de la tranquilidad nacida
de exponer mi lloro sin temer y sin mirar.

No es cuestión de hombría
ni es cuestión de sexología,
todo ser vivo
tiene la necesidad
y la grandeza motivada
por el lloro de dolor,
por el lloro de emoción,
por el lloro de alegría.

Es por ello por lo que entiendo,
y así lo siento porque lo he hecho,
que los hombres también
tenemos el derecho de llorar.

RACIONALES

Hombres,
seres pensantes,
intrépidos,
emprendedores,
creadores.

Aventureros,
pasivos,
soñadores,
ambiciosos,
usureros.

Comprensivos,
rebeldes,
creyentes,
ateos,
practicantes.

Reviven el pasado,
proyectan el futuro;
es tan grande su obsesión,
es tan grande su ambición,
que el presente no viven.

Realidades

Bruma, nieblas,
sol oscurecido,
intereses no dichos
en un mundo podrido.

Hay una intención
marcada en gran manera;
desean ahogar la luz
para seguir en su senda.

Farfullan en defensa,
creen que la masa es borrega;
por su parte, ponen
voluntad para que así sea.

¡Dios y patria!
Grandes palabras,
utilizadas y difamadas
según sea su modo y gana.

Siempre están presentes
en todo gran regidor,
y sus obras desmienten
el sentido creador.

La humildad no la utilizan,
el respeto lo desconocen,
la ayuda para su gusto,
la limosna desmerece.

Todas sus obras están
con segunda intención marcadas;
finos y hábiles son,
nunca dicen la enterrada.

Jamás el pueblo llano
nació con odio y revanchismo,
descaro o manipulación;
todo ello es consecuencia
del abuso y la opresión.

Ya quisieran los dirigentes
las virtudes y haceres,
la voluntad y resignación,
la paciencia y devoción
de las clases populares.

Cielo encapotado,
miedo disimulado,
intereses no dichos.
El mundo está manipulado.

RECUERDOS

Recuerdo, en el fondo de mis tiempos,
la escasez y hambre
por mi generación padecidos.

Recuerdo aquellos días inocentes;
disfrutábamos de juegos
desgraciadamente perdidos.

Recuerdos de aquel entonces.
Éramos amigos y convecinos;
la familia era, estábamos unidos.

Recuerdo la inocencia,
la ilusión tenida,
el calor humano perdido,
lo natural vivido.

Vivo en la insuficiencia y la programación
de la nueva conciencia y el desamor,
inmerso en la degradación producida
por el egoísmo, el aislamiento y el consumismo.

Tengo la ilusión rota
por una sociedad sucia
que alimenta el egocentrismo.

REFLEXIONES

Nuestra existencia transita inmersa
toda ella en la encrucijada;
en la andadura de la vida
nos envuelven las dudas… en la mar llana.

Transitamos en vaivén constante,
arrastrados por el tiempo,
no sabemos valorar la vida,
nos acerca o nos aleja a su playa
cual resaca nacida en su ondear.

No hay existencia tranquila… o intranquila,
todo es fruto de los dados al jugar,
todo es fruto del lugar y el nacer;
nada nos da pie a concretar,
nada nos es dado a probar.

El «si no fuese por…» no existe,
el hecho no se podrá cambiar,
la decisión tomada nos lleva a bogar,
la aventura iniciada nos lleva a pilotar.

Al quedar varados
en la playa de la tranquilidad,
nos damos cuenta del hecho:
no hay encrucijada,
no hay desamparo.

Los que nos juzgan con su ego
creen que hemos triunfado o fracasado,
en realidad, el destino es quien nos embarca,
en realidad, es la vida quien nos lleva.

ROCAS MUERTAS

Rocas muertas,
gigantes prestos,
encantadas figuras
de centinelas muertos.

Viajante,
inapelable pasajero de la nada,
empeñado en la odisea del regreso;
puerta abierta siempre entrecerrada.

Rocas muertas,
gigantes prestos,
encantadas figuras
de centinelas yertos.

Vegetación tupida y salvaje
que cubre la humedad viva,
suelo cubierto de amarillo follaje,
la zarza entrelazada te guarda.

Rocas muertas,
gigantes prestos,
encantadas figuras
de centinelas yertos.

Recodos cubren
los escarpados caminos,
guijarros visten
los destinos vivos.

Rocas muertas,
gigantes prestos,
encantadas figuras
de centinelas idos.

ROMÁNTICO

Qué coqueta es la mariposa
en escoger la flor fríamente
y, como buena cazadora,
espera para libarla pacientemente.

Tiende sus vistosas alas
y sigilosamente espera;
es experta y prueba el néctar,
vuela vistosa y majestuosa.

Carantoñas, revuelos,
la lengua asomando entre labios;
roces, cogidas, tropiezos inocentes,
todo el roce permitido
para despertar desasosiego.

Promesas veladas
de nuevos encuentros,
muy espaciados en el tiempo
para respetar el respeto.

Busca en el despertar
el interés y el deseo de obtener
y que, con el tiempo,
le domine la obsesión.

Si no lo consigue abate alas,
la excusa es inminente,
y volando y libando va,
buscando los capullos presentes.

SENDAS DE DESTINO

Sendas de destino
marcadas por la indecisión;
bandazos de unos y otros
para asir el timón.

La mayoría contempla,
nada dice, solo calla;
la mayoría observa…
Ellos piensan que nada se ve.

Se teme, se comenta, pavor,
el dolor en una segunda intención
de la decadencia presente;
nadie aplica solución.

Los poderes, ciegos a la realidad,
con el egoísmo lleno de sinrazón;
esperar de ellos es nulidad,
tienen muerta la ilusión.

Sacrificado, sufrido y generoso
el pueblo llano se ha mostrado,
este capital de ilusión inmenso
entre todos ellos lo han quemado.

Siguiendo en el más y más,
los creídos capitanes,
fatuos en el poder,
orgullosos en la dominación,
han arruinado la nación.

SIEMPRE

Recuerdo de censuras vertidas,
amagos de amargura
de lo querido y no tenido;
despechos escondidos,
los deseos no conseguidos;
fracasos lacerantes,
acomodos, disimulos.

Suspiros y quejas sordas,
todo el dolor compartido,
todo el dolor vivo.

La suavidad acariciante,
claridad en la mirada
y, entre sol y luna,
un inmenso gozo,
dulzura de humedad plena;
rota, sola, sigue acompañada,
acompañado y solo.

Todo continua en penumbra,
llenos de querer y miedo;
sigue y no cesa,
sigue y no ve.
¿Y ahora qué?
Aquí estuvo, aquí está,
no se fue.

SOCIEDAD SIN MIRAS

En medio de la plaza, un solo árbol;
de una de sus ramas cuelga
una jaula, un jilguero dentro,
solos los dos, mudos y sordos;
no hay alegría, no hay ilusión.

Alegría que existió,
según dice la leyenda
que su abuelo le contó,
que su abuelo le recordó.

Desde mi situación
todo lo que pasaba veía:
los niños, que cuidaban y regaban
el jardín y las plantas;
algunos se subían a las ramas
y en ellas se balanceaban.

Los ancianos,
en los calurosos días de estío,
en su sombra buscaban cobijo
para contar sus hazañas
de los tiempos perdidos
en tanto los pajarillos
les alegraban con sus trinos.

Por las noches,
los jóvenes enamorados
a su amparo
se escondían de las fugaces miradas
de las gentes que pasaban.

Hasta que cierto día
la ambición hizo su aparición,
primero fueron dos
y luego fueron tres,
poco a poco los árboles cortaron
y ninguno más plantaron.

Para urbanizar y adecentar,
lo llenaron de hormigón,
ante la plaza despejada
todos se felicitaron de tan magna acción.

Poco a poco los niños,
y también los ancianos,
a la plaza no acudieron,
tampoco los pájaros se vieron.

Ya no se oían las correrías de los juegos,
ya no se veía a los ancianos en sus ruedos,
ya no se sentían los trinos de los pájaros,
con orgullo,
en el medio de la plaza un árbol plantaron.

Cuando, satisfechos, contemplaron
la obra terminada,
¡magna obra!,
el árbol, en su amarga soledad,
con lamentos sordos exclamaba:
«¿Por qué me dejáis así,
solo y desamparado?».

SOLEDAD

La soledad entre la multitud
ampara y encierra,
se tambalean los conceptos,
escapan ausentes los deseos,
surgen censuras viciadas,
comparaciones punzantes
de hechos y fracasos.

Soledad,
refugio de los lamentos callados,
ahogados en el silencio;
los fantasmas del pasado
se elevan impotentes y sentencian,
germinan las inquinas,
florecen los desplantes,
se agrandan las distancias
en nuestro río sin retorno.

Suave y firmemente, la indiferencia
queda instalada como compañera;
la soledad del navegante
contempla y se complace.

El deseo diluido ha escapado,
se ha perdido; el navegante
se complace en el silencio,
al navegar por el río
escucha el silencio del sonido.

SOLO SÉ QUE NADA SÉ

Difícil en el caminar,
desamparado por hacer,
empujado a deshacer.

Enfocada la situación
en el posible y futuro devenir,
estoy envuelto en la grandeza del no optimismo
y la ilusión para derrotar al pesimismo.

SOMBRAS

Sombras,
nubes negras,
amenazas
tormentas.

Gavilán atento,
acechando oteas;
para tu sustento
la presa peleas.

Sombras,
nubes negras,
amenazas,
tormentas.

Curso de río,
corriente de vida,
en el estuario
no hay partida.

Sombras,
nubes negras,
amenazas,
tormentas.

Atentos siempre
por conseguir estamos;
al pasar se omite
por qué no llegamos.

Sombras,
nubes negras,
amenazas,
tormentas.

Fin del bagaje,
recuerdos viejos,
poco equipaje,
rotos tejos.

Sombras,
nubes negras,
amenazas,
tormentas.

Lasos los ánimos,
claridad primera,
¿dormimos? No,
continúa la quimera.

Sombras,
nubes negras,
amenazas,
tormentas.

SORPRESAS

«Si yo supiera…»,
se piensa,
se comenta
en el momento de encontrar
las dificultades del caminar.

Camino que construimos
con el ansia de vivir
y que, de forma indeleble,
compone nuestro destino.

¿Y al llegar?
Al final del recorrido,
girando la vista atrás,
con impotencia decimos:
«¡Si yo hubiese sabido…!».

Soy y estoy

Empeñado por la ignorancia,
rico en desear perdonar,
me rebelo a poder ser
utilizado, que no llevado.

Hambriento de saber y ver,
inquieto por estar y asimilar,
la mente crítica en el qué hacer,
ansia de no engañar y respetar.

No soy ágil de la mente,
ni de palabra fácil;
después del pronto y al tiempo
la respuesta llega de repente.

En mis fantasías cabalgo,
en mis conceptos confío,
aunque muchas veces quisiera
lucidez en expresar mi sentido.

Mi inquietud constante me hace
aborrecer el abuso disfrazado;
me consume la impotencia
de la mansedumbre
de la gente.

Ahítos de engañosos placeres
embrutecidos y manipulados,
se pierde la razón y la identidad,
la excusa se presta a justificar.

SUEÑO QUE SUEÑO, SUEÑO

Sueño que sueño en sueño
el lugar del quiebro y el lamento,
aquella oscura boca y el frío entorno;
destrozados y esparcidos los guijarros,
con el tiempo encontrados, recogidos,
aún cuidados con mimo, están desunidos.

Desde lo alto bajando,
sendero de vida revuelto,
río de vida andado,
río de vida pasado
cual remolino inacabado,
siempre se regresa al punto,
punto no entendido ni olvidado.

Y el tiempo, goloso en su glosa,
une y separa celoso el encuentro,
decide y rompe en el intento;
engañoso y simple, confunde y decide.

Aclarado el hecho deshecho,
sigue el escondido deseo;
amargo intento para estar, ser y reprimir,
probar, dar y no conseguir.

Busco y rebusco en mi entender
encontrar en el amanecer la claridad
para entender el porqué de mi sino.

Sueño que sueño, sueño;
sueño el sueño en sueño,
el lugar del quiebro y el lamento,
aquella oscura boca y el frío entorno;
destrozados y esparcidos los guijarros,
con el tiempo encontrados, recogidos,
aún cuidados con mimo, están desunidos.

TEATRO DE LA VIDA

Ando por el teatro de la vida
con careta de obligada alegría,
el pensamiento marcado,
sueños que no eran y son
en el laberinto encubierto.

Concepto interesado
en la realidad presente;
vegetar en el pasado,
vegetar en el presente
y por todo equipaje,
un pobre bagaje.

Veleidosa en la enmarcada,
inconstante por lo que alcanzaba,
ignorante de sí misma,
caprichosa por la gozada.

Por todo ello, encontró
en su interior y existencia
la realidad no engañosa:
que el mundo siempre ignoró.

A solas y con la almohada,
revive y fantasea;
se siente aprisionado
por la vida en sí y no llevada.

El tiempo,
en su inmensidad,
lo veía de pasada.

TIERRA ROTURADA

Tierra roturada
ahíta de sudor, sedienta de agua,
herida en mil tormentas,
con dureza y cariño roturada.

Adusto esfuerzo constante
para cuidarte exiges,
parca en corresponder eres.

Erosionada y reventada,
seca, áspera roca y tierra mezclada,
carrascales, pinos y romeros
cobren tus montes.

Adusto esfuerzo constante
al cuidarte exiges,
parca en corresponder eres.

Permites, después de grandes esfuerzos,
que los olivos y los almendros
terminen de vestirte,
vestido hecho jirones por la sed padecida.

Al igual que vena vieja
eres partida en lo profundo,
meandros cansados y grandes surcos.
Sed, viento y sol son tus dolores;
oscuridad, viento y frío es tu futuro.

¡TÚ!

Tú,
ilusión inalcanzable
que disfruto en soledad,
sin que nadie
pueda controlarme.

Tú,
ventaja del pensamiento
en donde mis sentimientos están;
y un continuo batallar
con el sí y con el no,
imaginado al azar.

Tú,
realidad irrealizable
con mi tempestad interior,
en donde estoy navegando,
dominado por las fuerzas
de un presente indefinido
y mi deseo.

Tú,
sueños de ser
a pesar de los embates;
sueño y deseo a la vez
de lograr y realizarse
entre el temor y la avidez.

Tú,
fuerza incontrolada
que me domina y ataja;
estás en donde yo estoy,
estoy para que tú estés.

Tú.
Lucho para conseguir,
de nada sirve negar,
ansío la tranquilidad de lograr.
De pronto, sin comprender ni querer,
con fuerza en mi interior,
siempre estás presente.

¡Tú!

UN SER LLAMADO HOMBRE

Acre sabor, espeso, denso,
nunca buscado, siempre presto;
altibajos marcados con rastros
llenan los cestos; calaveras rotas,
mimbres de dolor y fuego.

Carne descompuesta,
abono de simiente no germinada,
río que fue, esperanza de los dioses,
ilusión abandonada;
jamás se notó la fetidez alcanzada.

Superpuestos unos con los otros,
en la gran torre reunidos,
carcomidos de esputos y lepra,
bagatelas elevadas,
desidia envuelta en ricos sudarios,
las guadañas ensangrentadas.

Los cuatro jinetes cabalgan,
ayer ahítos, ayer dormidos;
las fauces abiertas
lucen ante los presentes,
demacrados y hambrientos;
prestos y seguros avanzan,
galopan por el tortuoso sendero
de la avaricia y la ambición del fullero.

Lento transcurrir,
abotargados y satisfechos;
el cauce está abierto,
los despojos han estrechado el cerco;
se pudre la vida ahogada
en la misma vida remansada.

La empalizada crece a lo alto, inalcanzable;
azufre y fuego cubren el martirizado suelo.

Surgido del temor,
el dolor y la aflicción,
un nuevo cauce nace de las cenizas causadas.

El nuevo peregrinaje se inicia;
los jinetes, ahora ahítos, descansan,
sembrando ambiciones se retiran,
no abandonan, saben, esperan,
no han sido vencidos…

¡Ya vuelven!

VEO

Siento en mi interior
un desgarro impotente y fiero
un sendero convergente
qué ni es, ni se es, pero está.

Escondido y acobardado
imparable, resurgido
sentido culpable de la que nació,
vivió, se ocultó y no ha muerto,
culpable del todo no hecho,
de la ilusión y la vida
nace la propia valía,
existir en su existencia,
valía del propio ser y querer ser.

El amor que nos lleva
y el destino nos arrastra,
el amor que nos arrastra,
el destino que nos marca
de un encuentro imprevisto.

Surge el deseo y la confusión,
nunca se volverá a apagar
vivimos dónde la esperanza germina.

VIEJO CAMPANARIO

Viejo campanario,
moldeado por las caricias
por el tiempo hechas,
por el calor y el frío.

El sol te abraza
en el fuego del estío,
el invierno te graba
con el viento frío.

Relámpagos, tormentas,
granizadas y ventiscas
año tras año los soportas
con tus paredes erguidas.

Ricos, pobres,
ancianos, niños
conocen de sus cobres
y el mensaje de los tañidos.

En incesante procesión,
muertos y recién nacidos
por tus pies desfilan,
llenándote de llantos y alegrías,
generación tras generación.

Todos en ti reparan,
erguido y majestuoso;
las ancianas te repasan
al acudir al rezo.

De todas formas parte
dentro de la heredad;
en tu sociedad
eres su orgullo y vanidad.

VIVIR

Se tiene que ser y no acobardar,
desterrar de la mente la culpabilidad
de lo no alcanzado y tenido,
guardarlo en el interior valientemente,
que sin renuncia provoca.

Fiel y viejo amigo
que siempre llega al final
como se desea al iniciar.

Llena la mente de imaginarios fantasmas,
de los miedos ante la nada;
con las frustraciones marcadas
nos ahoga la vivencia añorada.

Se olvida el marginal,
se lucha y
el tesoro se guarda.
No se va a renunciar.

TEMPUS FUGIT

DEMOCRÀCIA

Escoltar.
Llegir.
Pensar.
Dialogar.
Voler... o no.

A DORMIR

Bona nit diu
quan se'n va a dormir;
bona nit i fins demà
amb l'esperança
de tenir el que vol.

Com sempre,
haurà de conformar-se
amb el que es trobarà
i diu bona nit convençut.

La son arriba pensant,
i a vegades contant cabretes,
tot i estar desitjant
el que demà vol trobar.

ADÉU

Penso que
mai fins mai no ha de ser;
i sí que ha de ser
per sempre i fins a sempre.

En arribar aquesta fita,
tinc l'agredolç gust de l'envestida que subjuga,
malgrat la rapidesa del temps en passar
i també goig, per l'experiència que he acumulat.

Satisfacció d'haver estat i tingut
uns companys que no he triat
i uns amics que m'he trobat;
malgrat tot, a vegades ens hem emprenyat,
però també hi ha fets que hem festejat.

I una tercera ambició o desig,
voler continuar comptant amb la vostra amistat;
en la part que a mi m'afecta,
ho podeu donar per descomptat.

Penso que
mai fins mai no ha de ser;
i sí que ha de ser
per sempre i fins a sempre.

AI, EL DESIG

La mirada profunda
enganxada amb els ulls negres;
amaguen un temor
i un xic de desconfiança.

Té amagada la feblesa de l'escarmentat
i els ulls… negres, profunds,
que prometen, però no donen.
No hi veig malícia, però sí algun repèl
de rebel·lia... o desil·lusió.

És una boira blanca
ancorada en la profunditat del cel;
la veig gairebé cada dia i no em canso de mirar-la.
Dissimuladament, clar…

No puc declarar-me devot d'ella,
no podem expressar-ho,
però… sabem a on estem
i quan podem ho gaudim.

Que poc… i de lluny,
estem vius,
sabem on estem,
sabem el que vivim.

Com costa i que dur és l'apropament.

AI, L'AMOR

Com s'ha mantingut
aquell amor de joventut
perdut per un rumor interessat,
ofegat per un sospir no valorat.

El temps ens va tornar a trobar,
el temps ja havia passat,
hem estat mantenint el sentiment,
hem superat el no tingut.

Estem on sempre hem estat;
tot i això, estem molt lligats,
ningú sospita, en realitat,
el que tu i jo tenim amagat.

Ningú sospita
els desitjos
i els desenganys
que hem ensopegat.

AMOR

Quan s'estima,
quan s'està enamorat,
mai se'n té prou.

Quan hi ha interessos
sempre en dones molt.

Sempre que hi ha un què
rarament hi ha un com.

Les paraules diuen i no fan,
són els fets qui són i fan.

Com a conseqüència,
els fets són les realitats,
les paraules són fum sense els fets.

ANYS

Fa vint-i-cinc anys
que es van casar
i durant aquest temps
han sabut estar.

Continuem sent i sentint la família,
ma germana… sabeu què?
Es va casar amb Miquel!

En néixer
va arribar aparellada,
quin esglai, quin mal de cap.

Eren temps molt difícils,
ja érem quatre germans,
tot es va anar trampejant,
anàvem creixent…
la família superava els entrebancs.

Un cop molt mal donat
ens va deixar trencats i sols;
sense poder reaccionar,
al cap de poc
un altre cop ens va aplanar.

A poc a poc n'hi vam sortir,
vam començar a pujar
tots junts, discutint i remugant
la família s'anava aposentant.

Ep! No sé si ho havia dit:
tinc una germana i… sabeu què?
Es va casar amb Miquel!

Vam emigrar i deixar Flix,
tornar a començar;
també hi havia el padrí,
començar a crear i anar creixent.

Ara guanya l'argent…
«viu-lo, gaudeix-lo i no ho soltis;
no es pot guardar per més endavant.
Ara és el moment de gaudir-lo.
No me n'oblido: ho dic a tots dos».

Perquè sabeu què?
ma germana…
es va casar amb Miquel,
ara fa vint-i-cinc anys.
Felicitats!

Cinquanta-i-un

El temps, les vivències,
l'edat, les maldades,
els records i les enyorances
són l'equipatge tancat dels
cinquanta-un anys de casats.

Anem sumant i gaudint,
de vegades
no recordem,
però sumem i estem tots junts.

L'arribada ja vindrà,
és l'hora de celebrar i recordar
per molts anys.

El proper ja comença a comptar.

20 de maig 2021

CONFIANÇA

Tot torna i passa.
I per molt que es vulgui arreglar
mai, però mai,
es tornen a trepitjar
les primeres petjades.

Quan una tassa es trenca
ja no serà nova
i sempre estarà trencada,
en trencar-se neix la desconfiança,
que és la mare i motiu
de totes les desavinences.

Mai més hi haurà una confiança plena.

Cos meu

El meu cos
és el que tinc.

L'acompanyen…
els sentiments,
l'acompanyen…
els records
i també…
els ensurts
i les emprenyades.

Tot això
en el seu conjunt
fa un resultat que no es pot canviar.

És la història d'un anomenat
que no ha planejat
per fer lo que li ha agradat
i el temps… li ha deixat.

CRIDEN ELS BURGESOS

Oh, criden els burgesos!
Oh, criden els benestants!
Quina hipocresia més insultant,
dels segles d'ajornament
per part dels queixats
el fum… és la claredat.

Membres de la humanitat,
el seu objectiu és el domini;
la seva ambició, el poder.

Han fet de la seva ambició
el poder de controlar,
no els importa la forma,
no els importa el com,
es la seva finalitat
per sobre de tot controlar.

Els fills i descendents
s'aprofiten, sense fer res,
del benestar del seu estatus,
ho justifiquen tot amb escreix.

Quan senten al clatell l'alè de la queixa
son els primers a denunciar,
se senten víctimes,
ells són la llei.

No són capaços d'esbrinar,
protegits ells, el perquè,
acostumats a manipular,
els han ensenyat a vegetar,
sols viuen per manar i gaudir.

Però… hi ha el però…
sempre hi ha un però:
la memòria del passat surt,
el fum…

Totes les extorsions fetes
pels seus avantpassats
i que ells han fet sempre,
queden en la memòria.
Sempre hi queden uns restolls
que van fumant…

Una veritat és inqüestionable:
la història i la memòria
són les que són… res canvia,
el que voldrien que fos… no és,
el fum dels restolls enterrats
surt…

Veritat.

Per molt de temps que estiguin enterrats
surten els fets aclarint,
la veritat,
per molt que l'home ho nega,
sempre apareix i aflora en tota claredat.

El fum puja… el fum sempre surt.

DEFENSA

En tot el que he après,
en tot el que he perdut,
en tot el que m'afecta,
en tot… he guanyat.

Sols un cop m'he sentit
derrotat i enganyat,
desorientat per l'adversitat
i que em va costar
superar sol l'adversitat.

L'esperit polèmic i lluitador
en mi va créixer,
mai m'he sentit derrotat.

Els desacords tinguts,
les protestes fetes,
sempre han estat
per defendre als desvalguts.

EL CAMÍ ES VA FENT

Vet aquí,
qui s'ho podia imaginar!
Tot va començar jugant
lluny d'aquí,
al mig d'una vall
coberta d'un blanc llampant.

Érem a l'hivern i no teníem fred
i… de sobte, l'encís estrellat,
el cel blau, net, polit,
sol lluent.

Quan neix
ningú sap què és
i comença la il·lusió,
i comença el camí
tot és voler,
tocar i estar.

Problemes? cap!!
Poc a poc va agafant força,
poc a poc tot va esclatant.

Manetes, tocades
i també alguna que altra escalfada
en petites maniobres,
tot es prova i tot passa,
i alguna que altra gotera surt,
però queda arreglada,
i el camí es va fent,
la casa va pujant.

Dues teules
i alguna que altra sobtada,
després…
una gran calma,
tot va passant i es va superant,
i sense adonar-nos
fins aquí hem arribat.

Encara hi ha camí per fer
i per anar caminant,
no sé quant, espero que molt,
anirem endavant
i continuarem anant i seguint,
les branques es van obrint,
la tasca és llarga i el temps,
ràpid i curt.

Cinc quinquennis que estem junts,
tu i jo vam començar i seguim.

Aquest fet i descripció
va començar un desembre nevat,
tot anant d'excursió.

EL FET… I EL NO FET?

Hi ha un fet… que no és un fet,
el fet que no s'ha fet.
I és un fet.
Fet no és el que s'ha fet…,
però és un fet.
Tot i no haver-se fet, el temps diu que és un fet.
Quin embolic… Quin fet?
Ah, però hi ha un fet?
Sí, hi ha un fet…,
però no és un fet.
A més a més, mai podrà ser un fet, però…
què es faria sense el fet?
Això ja seria ignorar el fet,
i el fet… hi és.

EL MEU PADRÍ

Prim com la fulla del pi, fort, explosiu,
cames que el temps va anar fent tortes
de tant caminar caçant deia.
Caràcter visceral…
reflexiu a la llarga.

Esmolat, murri, vigilant,
molt bon caçador,
valuós acompanyant i fidel,
víctima de la molta paraula no pensada i dita,
es tenia per un defensor traït.

No va fer mal conscient
i sí defensava inconscient,
mai llançava la primera pedra,
però, renoi…, sempre la contestava.

Dels que no estaven d'acord amb ell
no els escoltava les raons;
ho demostrava amb desplants ofensius.

Pelat, la calba polida i brillant,
coberta per una boina ronyosa i vella
que continuadament es tocava;
persona poc lletrada.

La terra era plana segons ell,
no rodona com deien els ignorants,
la desconfiança pròpia que això comporta
a la que el punxaves apareixia.

Humà i amic dels seus amics,
però… el més dur dels enemics;
si el traïes…
la paraula perdó no la coneixia.

Obert i tolerant amb els seus,
tancat i dur amb els que no eren del seu tarannà,
mai volia perdre;
ja fossin jocs o opinions,
ho transformava en una qüestió de dignitat.
Sempre havia de guanyar.

La família va ser el seu gran fi,
i ben clar que ho va aconseguir,
va ser, va estar i va fer.

Pel que fa a les altres fites,
unes el varen cruixir,
altres no les va poder gaudir,
les més… les va patir.

Després d'una turmentada vivència,
va gaudir d'una tranquil·la vellesa.
En pau, Joanet de Patx.

El secret

Saps què?
M'he trobat una gateta,
estava passejant-se entre les taules,
en veure-la vaig dir…
has vist quins ulls té?

Ella alguna vegada remolejava pel costat
i de tant en tant, explosiva, treia les urpes,
en aquells temps
va haver-hi de tot.

Ara, quan es trencava el gel
estàvem la gateta i jo contents,
sense entendre el perquè,
quan perdia l'enteniment
notaves les esgarrapades.

Però això ja ha passat;
ara somio… en tenir-la
recolzada al meu braç,
roncant tranquil·lament,
i que s'adormi.

Li agradarà a la gateta,
amb alegria puc dir
que la gateta ha canviat,
ja no té urpes,
té alguna cosa més
que fa que no pugui oblidar.

Ai, gateta, gateta,
si et deixessis agafar…

EL SOROLL DEL SILENCI

Sempre busquem la pau
solament trobada a partir
de la grandiositat
que té el soroll del silenci.

També hem de tenir en compte que som la
conseqüència lògica de la irreflexió
desenvolupada per l'ambició,
no respectem al que és inferior,
practiquem l'avassallament
per aconseguir el poder.

Dues experiències donen cos i
marquen tota la vida:
la una és la trobada
del primer amor i el despertar dels sentits,
la segona,
el descobriment de la humanitat,
que no és el mateix
que el planyiment de la humanitat.

EL TEMPS

El temps passa i s'escapa,
oh, el temps passa
tan de pressa!
I nosaltres?

Nosaltres quedem,
quedem en la memòria,
queden en els fets,
queden en la història fosca,
queden en les escletxes
de la història que no coneixerem.

Queden totes les vivències
viscudes en el passat,
res queda esborrat,
tot queda gravat,
tot queda guardat
i surt… quan és trobat.

EL XIQUET D'ELS GUIAMETS

Hi ha un xiquet a Els Guiamets,
avui és una mica gran,
bon noi, tan bon noi és,
l'últim any que el podien agafar
i a la mili el van fer anar.

Allí el vaig començar a tractar;
era l'any 1963,
a la mili ens vam trobar,
després cada un se'n va anar,
cada un es va espavilar,
passats els anys,
ens vam tornar a trobar.

Continuava i continua
l'esperit dels companys,
el temps fa deixar moltes trobades,
el temps ens fa estar asseguts.

Ara, l'amistat i la franquesa,
encara que no ens anéssim trobant,
en mi les continua tenint.

Aquest xiquet d'Els Guiamets,
que per si ho vols saber
es diu Juan, és el meu company.

HUMOR I DESIG

L'humor i el desig
no es poden perdre mai.

L'humor és bo i es queda;
el desig es té i no marxa, però…
sempre és motiu per estar content.

Tot queda dins del seu interior
i sempre sap el que és millor…
i pitjor.

Reconèixer un fet
i reviure una il·lusió, un desig.

Lo pitjor és voler-lo ignorar,
es el més difícil d'acceptar,
oh, el temps!

Mirades, gestos imperceptibles,
vigilants per veure i no ser vistos,
però… la guineu, com la garsa,
mai descansa i tot se sap.
Bona nit, arriben els estels,
la lluna plena ens mira,
quan sigui fosc ens mirarem,
anirem a dormir després de saludar-nos,
ells i elles vigilaran.

JO EM PENSAVA

I jo, que em pensava,
i jo, que em sentia,
i jo, que em creia,
així va quedar el jo.

Sense adornament
va passar,
sense saber
es va acabar,
ja va estar fet.

El temps ja ha passat,
vaig estar equivocat?

Al cap del temps,
una vegada em va dir t'estimo
d'amagat i ho he guardat,
ningú ho sap.

Crec que sols ho sap
el que ho ha de saber,
crec que ho sap.
Però... mai m'ho ha fet saber,
el temps passa
i el saber no hi és.

Així s'acaben els desitjos,
així s'acaben els fets.

LA SOLEDAT

En la meva soledat
visc el temps que he passat,
la persona, en fer-se gran,
torna a ser
filla de la infantesa i la joventut.

Impotència, records, desil·lusions
i… els fets,
arriba el moment per valorar
dels fets que he participat,
donats, rebuts i no esperats.

Sense aclariment,
de totes les aigües he begut,
va ser i és així,
res queda per valorar.

Els més bons i dolents motius
els tinc exposats com a resposta,
tot té un desfet emocional,
natural i acceptat,
és el fet fonamental.

LA TIA DEL CARRER CASTELL

Quan l'anava a veure
la trobava asseguda a la cadira de rodes.
La mirada apagada,
perduda i absent
revivia els seus llunyans records.

—Tia —li deia—, què feu?
I ella, sortint del seu món, contestava:
—Que ets Pere?
—Sí —li responia.
—Doncs mira, aquí estic.
I així, amb aquesta contesta,
m'ignorava i es tornava a allunyar.

Aquesta dona, que estimava
com si fos la meva iaia,
sempre la vaig veure
plena de pau i tranquil·litat.

El cos petit i castigat,
el seu caminar era assossegat,
portava sense queixa ni compassió
els senyals de tot el seu passat.

El cap,
sempre tan segur i clar,
el pes de l'argent
li feia doblegar.

A la cara,
com el fang ressec
que deixen les riuades,
li quedaven les marques del seu passat…
i la grandesa del present.

Com si fossin ceps
castigats per la intempèrie,
tenia doblegats els dits,
dolorits, torturats.

La mirada, tal com he dit,
prenyada de tristesa i impotent,
plena d'enyorança,
i el seu pensament
ple de records.

Callada, sense cap descans,
resignada i desprenent humanitat.
Sempre estava presta
per ajudar i acompanyar.
Així es pot resumir el seu viure,
així es pot resumir el seu passat.

Per tot i en tot,
el temps la va anar fent
físicament petita;
per tot i en tot,
la humanitat que desprenia
a la casi meva iaia va fer gran.

Sempre la veuré com qui va ser:
la tia Sisqueta del carrer Castell.
Descansi en pau!

LA HISTÒRIA

Bona nit.
Ja va arribant, i després… què?
El que toqui i entomar,
el que té o el que tenia.

Sobre això,
sense utilitzar ni un gram de queixa,
què he tingut i rebut?
Ha sigut bo
per la majoria que he estat.

Lo millor es queda,
lo pitjor… ja no ho recordo,
anècdotes, sospirs i…
també hi ha alguna ensopegada.

Però en el temps
no m'he queixat mai del rebut,
em satisfà el que he donat.

Fetes les reflexions dels fets,
el camí és d'anada i tornada,
els fets són fets, no es canvien,
no estic melancòlic,
estic satisfet del meu camí.

LA SORPRESA

El dia és llum,
la nit és fosca.

El dia és sol,
la nit és lluna.

L'esperança és la vida,
La il·lusió del demà
és la sorpresa ignorada.

L'EDAT

En la soledat del present
reviu els temps deixats,
diuen que la persona gran
torna a ser filla de la seva infantesa.

Impotència, records, fets, oblits,
sempre es vol justificar,
sempre s'intenta explicar,
i de sobte la memòria
es fa vaga per recordar.

Com hagués estat
un aclariment clar,
un no va ser així,
i surt… no me'n recordo.

Deixar sense resposta
tot un desfet emocional
que ja no entén el perquè,
com un fet tan important
és tan difícil d'explicar.

Torna a quedar callat,
mirant sense mirar, encantat,
mentre el temps se'l va menjant.

M'HAS PERDUT

M'has tingut i m'has perdut,
sempre has fet i t'has portat
com el tupí que deixa màscares.

No t'he perdut, perquè mai has estat,
el temps sempre confirma,
el temps sempre aclareix.

El que no es domina és incontrolable,
saps que no es pot lluitar,
saps que no es pot ignorar,
s'ha de saber conviure i amagar,
el que neix salvatge
incontrolable i perdut està.

Que difícil és recuperar els desitjos,
sols quan els entenem perduts
valorem el que hem tingut i tenim.

Et vols convèncer que les boires i el temps
tot s'ho emportaran i esborraran.

La innocència i el desig
fan que un cregui
que el temps i les boires
ja ho han esborrat.

Uns ulls seriosos i apagats diuen…
hi és, hi és!

MEMÒRIES

El temps va passant,
la memòria escull els records;
sempre els més importants
són moments agradables viscuts,
il·lusions, satisfaccions, descobriments,
deixant més o menys aparcats
les angoixes, maleses i mal viscuts o rebuts,
que no vol dir oblidats.

Tot forma part
de l'aprenentatge que vindrà,
les malifetes rebudes,
les satisfaccions tingudes,
formen part de l'equipatge,
el motlle de la personalitat que s'ha format,
sigui en bé o en mal.

La joventut, que no la infantesa,
és l'inici del camí que ja no té tornada,
tot el que ve després
és la conseqüència del camí
al cap i a la fi.

El balanç
és valorar el que s'ha viscut
quan ja tot està fet,
quan ja no hi ha volta,
ja se sap com ha estat.

I... també comprendre
que el camí sempre té dos vessants,
mai sabrà on es va encertar o la va errar.

OBSESSIÓ

Que difícil és dominar l'obsessió i el desig,
i… en un temps vaig pensar:
«que fàcil de comprendre i entendre
quan s'és innocent».

I… en un temps vaig pensar:
«oh!, les paraules que es volen escoltar
són precioses i definitives».

I… en un temps vaig passar…
de l'obsessió a la frustració
per comprendre i entendre
l'intent de controlar i governar.

Quan els que volen dominar
no aconsegueixen el que busquen
justifiquen els desacords
dient que les paraules…
se les emporta el vent.

El vent no sap llegir,
però les paraules queden.

Que il·lusos són els que pensen
que les paraules dites s'esborren,
les paraules dites
sempre queden.

QUAN?

Fam de justícia i coloms de pau,
gent acovardida, vassalla i servil,
gent aprofitada i sangonera,
país que s'agenolla
davant dels més dèspotes.

Quan serem prou valents?
Quan defensarem el que volem?
Quan deixarem als nostres fills i néts
un futur no hipotecat pels lladres
que els pares han tolerat?

Veig aquesta generació indolent,
cossos i cervells no lluitadors,
satisfets del que tenen,
però que no s'han guanyat.

Què es pot esperar d'una societat
que veu com li roben
i no demana el càstig pels lladres?

QUAN TORNO AL POBLE

Quan torno al poble
vaig conduint carretera endavant,
seguint els volts i revolts,
baixant per la vall de Sant Joan.
La Padellassa de Tano a l'esquerra queda;
la carretera corona el coll
i segueix per la costa avall.

El neguit va creixent,
l'ansietat per arribar ja floreix;
tinc l'alegria de poder tornar a estar.

De sobte, a la sortida d'un revolt
imponent i coronant el turó,
el castell nou tinc al meu davant,
vigilant seriós, impassible, envellit, derruït.

Fa molts anys vigilava la barca,
la barca del riu de dalt;
també als seus peus ens hi anàvem a banyar.

El riu que l'envolta i abraça
és vigilat fins que es perd,
vorejant tot el poble
camí del Pont del Llop.
Abans anava ple, seriós;
ara, sec i controlat.

El turó segons l'estem veient,
escarpat, ferit, agrest, violent, despullat,
cobert pel timó que l'ha colonitzat.
Quan li dónes la volta
apareix la suavitat dels Xofás
a la dreta, reforçant el braç,
vestint la vall feta
entre el castell vell i el castell nou...
el poble.

Quan torno al poble
busco i trobo el vell Flix del meu record,
al de la meva infantesa i joventut;
carrers estrets i torts, foscos i costeruts,
l'olor del fum de carbó, la boira i el clor.
Cadascun d'ells té la seva història amagada,
cadascun de nosaltres té el seu regust.

Quan torno al poble
la Costa del Graner em recorda
l'arribada dels carros dels canvistes;
pelitxons i soles d'espardenyes velles
les canviàvem per taronges.

Carrer Major i els seus «Perxis»;
els dies de passeig tots hi anàvem,
esperàvem a les noies per fer les primeres volades
creixent la satisfacció de passejar amb elles.

Quan torno al poble
se m'acudeix la meva generació,
reflexos romàntics d'un actual passat,
uns ens saludem, recordem, parlem i diem;
altres «mos» mirem, i no «mos» diem res,
ens ignorem innocentment tots i perdem.

Quan torno al poble
noms dels vells amics d'infantesa s'han perdut,
noms dels més grans
i que el temps esborra,
els torno a revisar,
els torno a recordar.

No han estat oblidats,
és el temps qui els ha aparcat,
mai s'oblidaran,
mai hem de perdre la identitat.

Com ornament queden les colles del carrer,
les formaven per fer la guerra i jocs:
els del poble contra el barri,
els del raval contra la plaça.

Com ornament queden les aventures,
queden les vivències d'infantesa i joventut;
després el temps endureix i desfà,
després el temps ens desfà i trenca.

Una cosa tinc molt clara:
a mesura que fem camí s'acumula el passat,
per això revisc…
quan estic al meu poble.

QUEIXES

Per què les autoritats acusen
als disconformes de violents?

Per què els oligarques i prepotents
utilitzen la policia a favor seu?

Per què no es tenen en compte
els motius del emprenyament i són acusats?

Per què els poders sobreprotegeixen
als que acusen d'esvalotardors i descontents?

Molt senzilla és la resposta:
uns defensen el que han guanyat,
els altres volen conservar la seva comoditat;
uns volen avançar i viure,
els altres volen conservar i dominar.

En aquesta diferència
sols en sortirem derrotats tots
si els instal·lats i acomodats
no arriben a comprendre que
el poder que volen conservar
amb el temps els enterrarà.

I… després la justícia i la història,
que tanta por els fan,
que tant proteigeix
a la seva descendència
farà pagar la vergonya,
dels seus somnis i explotació
de homes grans… dominants
fan veneració als enterrats.

Seran els desenganys
i les vergonyes conegudes
el que rebran els seus finats.

RECORDS

Ple el pensament d'aventura,
la realitat trencada, sola.
Tot estant acompanyada, sola.
I amb la tardor…
Voler… i por.

Segueix el que és un fet,
segueix i no es pot deixar,
segueix i es diu ja és tard.

Dins seu crida: «Igual no!».
Amb el que em té i li tinc,
ja res serà igual,
però i ara què?
Res… Ni se'n va anar
ni està oblidat.
Sempre viurà!

SATISFACCIÓ

En arribar al capvespre
tinc la satisfacció dels objectius aconseguits,
la pensió del dia l'he guanyada,
ningú em retreu res.

Que bons són els que em paguen;
ignoren que per molt que tinguin
es perden la satisfacció que jo tinc:
amb el que tinc en tinc prou.

La diferència és que ells mai en tenen prou,
acabaran com els borinots,
a cop de gorra i contra el vidre.

I jo,
la bona nit i tranquil·litat.

SÍ O NO

Els resultats de les nostres accions
sempre són preses entre un sí o un no,
el resultat no és el que marqui el destí,
el resultat és la conseqüència de la teva decisió,
no té queixa, és lo que s'ha triat.

Tot i res,
records
veladament criticats,
fets interiorment justificats.

Repels amargs
nascuts del volgut
i no tingut.

Despits soterrats,
desenganys amargants
de desitjos no realitzats.

Després,
l'acomodo i res més.
Temps passat!

Temps perdut i no viscut,
sospirs i queixes sordes.
Mira, pensa
i veu que sí i no res té.

Sí que té un desencís molt amarg.
Sí que té un pes molt profund.
Sí que té un vulguem de sempre,
compartit i no dit.

No té queixa, és desencís,
la suavitat del alè,
la llum de la mirada
i, entre la nit i el dia,
un goig i una alegria
amb la humitat de la matinada.

TEMPUS FUGIT

Passa el temps i ningú l'agafa
s'escapa sense remei i no es para,
s'intenta parar-lo...
però s'escapa.

Es vol tenir-lo per company,
però... és murri i et deixa,
creiem que anem junts,
però... s'escapa.

Volem ser el seu company,
però ens deixa,
lluita constant en el desacord,
desacord que ens arrossega.

Fins a la fi no s'entén
el temps... va al seu pas
intentem però no l'agafem
nosaltres... a poc a poc,
i... a poc a poc ens quedem.

1 de juliol 2021

VERITATS

Els amics és bo tenir-los,
els amics hem de cuidar-los,
als amics se'ls conten les vivències.

Diuen, contem i comenten els fets viscuts,
parlen i comenten desitjos per al futur,
expliquen i escolten els fets passats,
no enganyen ni amaguen res.

Gairebé sempre no tot és la veritat
quan reviuen els moments.

Què és el que queda de tot el fet i desfet?
No tot queda dit, no tot és com s'ha dit,
sempre queda un raconet,
sempre queda un record que mai és dit.

VISC EL QUE EM TOQUI

Visc el que em toqui viure
i sense buscar-lo visc,
el que em passa i arriba
va junt amb el meu desig?
Com juguen els deus…

Forces misterioses
mouen les fitxes del destí,
tinc una necessitat controlada,
tinc un desig camuflat,
no em sento víctima
ni em trobo desprotegit.

En el meu vaixell de travessa
la fi sempre és desconeguda,
qui mou unes veles que no hi són,
que el vent les omple i no bufa?

He de seguir l'objectiu del meu destí,
forces que em fan moure i desconec,
que m'arrosseguen
i em porten a la fi.

Sobre el autor

Pere Martínez Sabaté nació en Flix (Tarragona) en 1941 y es el mayor de cuatro hermanos. La muerte de su padre cuando él apenas tenía doce años supuso un punto de inflexión en su vida, llevándole a asumir desde entonces diferentes obligaciones laborales para ayudar a sostener la economía familiar. A los veinte años marchó de su pueblo, al que aún hoy vuelve en alguna ocasión, y actualmente reside en Sabadell (Barcelona).

Pasó unos años en una escuela de aprendices, pero sus circunstancias personales le hicieron aparcar prematuramente los estudios, por lo que toda su formación posterior la fue adquiriendo de forma autodidacta, «gracias a la vida y a mi interés por conocer», como él mismo indica.

Cuando tenía unos veinticinco años la poesía llamó a su puerta. Fue entonces cuando empezó a componer sus primeras estrofas, muchas de las cuales fue recopilando y archivando. Hoy algunas de estas composiciones forman parte de *Pienso que pienso, pienso-Tempus fugit,* su primer poemario, en el que pone en manos de los lectores algunas de las vivencias, experiencias, reflexiones y opiniones acumuladas durante toda su vida.

Índice

PIENSO QUE PIENSO, PIENSO

TEMPUS FUGIT